AF232634

COUR D'APPEL DE DIJON

AUDIENCE SOLENNELLE DE RENTRÉE

4 Novembre 1879

DISCOURS

PRONONCÉ PAR

M. LUCIEN PONS

SUBSTITUT DU PROCUREUR GÉNÉRAL

BARTHÉLEMY DE CHASSENEUX

DIJON

DARANTIERE, IMPRIMEUR DE LA COUR

RUE CHABOT-CHARNY, 65

1879

AUDIENCE SOLENNELLE

DE RENTRÉE

Le mardi 4 novembre 1879, à onze heures et quart du matin, la Cour d'appel de Dijon s'est réunie au Palais de Justice, à l'effet de procéder à sa rentrée solennelle.

Pendant que Messieurs s'assemblaient en la Chambre du Conseil, les autorités civiles, militaires et ecclésiastiques, ainsi que les personnes invitées à la cérémonie, étaient reçues dans la chapelle du Palais par les Maîtres des cérémonies délégués par la Cour. Là se trouvaient réunis les Membres des Tribunaux de première instance et de commerce, les Juges de paix, en robes, les Membres du Conseil des Prud'hommes en costume, les Avocats et les Avoués en robes.

A onze heures et demie, la Cour, en robes rouges, est entrée dans la chapelle et y a pris place.

Le prêtre officiant, après avoir entonné le *Veni Creator*, a célébré une messe basse du Saint-Esprit, qui a été terminée par la bénédiction épiscopale.

Après la messe, les Tribunaux, les Autorités et les personnes invitées ont été introduites dans la salle des audiences solennelles par les Maîtres des cérémonies. La Cour, ensuite, a pris place sur ses sièges.

M. le Premier Président a déclaré la séance ouverte. La parole ayant été donnée alors à M. le Procureur général, M. le substitut Pons, chargé par ce magistrat de prononcer le discours de rentrée l'a fait en ces termes :

Monsieur le Premier Président,

Messieurs,

Pasquier, dans ses *Recherches sur la France*, après
avoir raconté comment prit naissance la coutume du
discours de rentrée, coutume qui n'existait pas lorsqu'il vint au palais, ajoute : « Peut-être adviendra-
« t-il que tout ainsi qu'elle s'insinua inespérément
« entre nous, ainsi se défera-t-elle de soi-même.
« Quoi que soit, je sais par la bouche de feu M. l'avo-
« cat Marion, personnage de grand esprit et admi-
« rable en belles pointes, qu'il désirait, pour son
« regard, reprendre les anciens arrhements du
« parquet. »

Bien d'autres depuis lors ont émis le même vœu ;
cependant le discours de rentrée a traversé les âges
et leur a survécu. On a pensé qu'à l'inauguration de
vos travaux, il n'était pas inutile d'enlever une heure
aux procès pour ramener l'esprit vers l'idéal de la
justice, et aujourd'hui ce n'est plus seulement à
l'usage, c'est à une loi formelle qu'obéit le ministère
public, lorsqu'il vient soumettre à vos méditations les

grands principes du droit, signaler les lacunes ou les progrès de la législation, ou bien encore rappeler le souvenir des hommes qui par la vertu et le talent ont illustré les fonctions judiciaires.

A maintes reprises les Membres du Parquet vous ont entretenus de vos devanciers. Permettez, Messieurs, que j'imite cet exemple, et que, remontant avec vous à une époque troublée mais forte et féconde, je m'arrête devant une figure du seizième siècle. Sans doute, au milieu d'agitations passionnées, il y eut alors, dans les parlements comme ailleurs, de blâmables défaillances, de funestes entraînements; en revanche que de vigoureux et excellents esprits! Quels graves et énergiques personnages!

Celui dont j'essaierai de retracer la vie a mérité que de Thou lui donnât l'épithète de *magni nominis jurisconsultus ;* Loyseau dit qu'il a été *un des plus grands magistrats de son temps,* et le président Bouhier l'appelle *un de ces hommes extraordinaires que le seul mérite fit monter aux premières charges de la robe dans un siècle où la vénalité n'en avait presque pas encore terni l'éclat* (1).

Originaire de Bourgogne où il a passé la première moitié de son existence, commentateur de vos anciennes coutumes, *Barthélemy de Chasseneux* vous

_____

(1) Biographie des jurisconsultes célèbres, en tête des observations sur la coutume.

appartient, et si le parlement d'Aix vous l'a enlevé, si pour étudier la seconde période de sa carrière, j'ai pris plaisir à feuilleter les annales de la Provence, vous me pardonnerez, je l'espère, le sentiment auquel je me suis laissé entraîner.

Chasseneux (1) naquit, au mois d'avril 1480, à Issy-l'Evêque, petite ville aux environs d'Autun. Dès l'âge de quinze ans il commençait ses études de droit à l'université de Dôle, sous Jean de la Magdelaine, professeur dont il fait un grand éloge. De Dôle il alla à Poitiers qui possédait alors une des plus célèbres écoles de France, fréquentée, nous dit-il, par plus de quatre mille étudiants venus de l'Allemagne, de l'Angleterre et de Flandre. Il y suivit les leçons du savant Thomas Cuisenier qu'il devait, trente-cinq ans plus tard, remplacer lui-même sur le siège de Premier Président au Parlement de Provence. Mais l'Italie l'attirait. Ce pays, où s'était tout d'abord ranimé le souffle de l'antique société païenne, à qui revient le principal honneur du mouvement intellectuel appelé la *Renaissance*, avait alors des écoles de jurisprudence sans rivales dans le monde. Depuis le XIe siècle la renommée des universités de Bologne,

---

(1) Ecrivant en latin, il avait fait de son nom : *Bartholomæus a Chassanæo*. Aussi plusieurs historiens l'appellent-ils Chassanée.

de Pise, de Padoue, de Pavie n'avait fait que grandir. Autour de leurs chaires, illustrées par les premiers commentateurs du Code et des Pandectes, se pressaient des auditeurs venus de tous les points de l'Europe. Chasseneux voulut se joindre à eux ; il s'arrêta quelque temps à Turin où professait Claude de Seyssel, et se rendit ensuite à Pavie.

Peu de mois après son arrivée, la peste se déclara ; il dût rentrer en France ; mais à peine l'épidémie avait-elle cessé, que l'amour de l'étude le ramena sur les bancs de l'Université.

Le XVIe siècle allait s'ouvrir. Pour défendre le droit qu'il prétendait tenir de son aïeule Valentine Visconti, Louis XII lançait ses troupes sur le Milanais. Après une rapide conquête de cette province, il en confiait le gouvernement au neveu de son ministre, à Charles d'Amboise.

L'administration judiciaire fut remise aux mains d'un officier qui prit le titre de Capitaine de justice, et en 1501, malgré son jeune âge, Chasseneux fut nommé assesseur de ce magistrat. Charles d'Amboise le fit en outre son maître des requêtes, et Chasseneux conserva ces deux fonctions jusqu'à l'époque de son retour en France. Au mois d'août 1502, à 22 ans, il recevait de l'Université de Pavie le bonnet de docteur.

Il n'en demeura pas moins en Italie, soit pour se perfectionner dans l'étude des lois, soit pour satisfaire un goût de littérature antique qui chez lui, comme

chez plusieurs des grands magistrats ses contempo-
rains se mêla toujours aux austères travaux du jurisconsulte (1). En 1506, il suivait à la Cour de Jules II
diverses négociations dont Charles d'Amboise l'avait
chargé, lorsque sa famille lui proposa un riche mariage avec la veuve d'un avocat du roi au baillage
d'Autun.

Chasseneux nous raconte lui-même (2) qu'à cette
nouvelle il se hâta de résigner ses emplois et de re-
passer les Alpes. Parti de Bologne à la fête des rois
de 1506, il était à Autun dès le commencement de
février. Le 10 de ce mois, le mariage s'effectuait.
N'eût-on jamais à regretter cette précipitation ? en
maint endroit de ses ouvrages Chasseneux répond,
donnant à penser que l'humeur de sa femme n'était
pas toujours d'une égalité parfaite : *Stimulis uxoris
impeditus,* dit-il quelque part. Dans la préface de
son commentaire sur la coutume de Bourgogne, il
termine ainsi une énumération des difficultés qu'a
présentées ce travail : « A quoi l'on peut joindre les
« affaires du barreau et les empêchements qui pro-
« cèdent du mariage..... je surmontai autant qu'il

(1) Lui aussi a laissé des vers latins. Voici le titre d'un petit volume
imprimé à Bordeaux en 1540 :

Epitaphes des roys de France qui ont régné depuis le roy Phara-
mond jusques au roy François premier de ce nom, avec les effigies
portraictées au vif, ainsi qu'elles sont taillées en pierre, par ordre, en
la grande salle du palais royal de Paris, augmentées de mectres en
latin composés par scientifique personne monsieur maître Barthélemy
Chasseneux.

(2) Catalogus gloriæ mundi. Part. 5, consid. 24, nº 125.

« me fut possible tous les obstacles, et j'imitai en
« quelque manière la conduite de Cicéron qui répu-
« dia sa femme Terentia, convenant de bonne foi
« qu'il ne pouvait vivre avec elle et en même temps
« vaquer à l'étude de la philosophie. »

Enfin lorsqu'il aborde l'examen du titre : *des
droits et appartenances à gens mariés*, voici le conseil qu'il donne : « Sur toutes choses prenez une
« femme pacifique et tranquille, parce que, comme
« dit le livre des Proverbes : *Melius est sedere in
« angulo domus solitariæ ac vilis quam cum mu-
« liere litigiosa in domo convivii*; et encore : *melius
« est habitare in terra deserta quam cum muliere
« rixosa et iracunda.* »

Et les citations continuent ; sur ce chapitre il est
intarissable.

Il désirait entrer au barreau, mais sa femme am-
bitionnant pour lui un emploi dans la magistrature, il vint à Paris. Le Chancelier de France, Guy
de Rochefort, qui avait été premier président du
Parlement de Bourgogne, lui donna des lettres de
maître des requêtes de l'Hôtel et la promesse d'une
charge de conseiller au Grand Conseil.

Malheureusement la mort soudaine du Chancelier
faisait bientôt après évanouir ces espérances.

« Dans ces conjonctures, nous dit Chasseneux (1),

______

(1) Préface de la Coutume.

« je me suis déterminé à retourner dans ma chère
« patrie, me rappelant les vers d'Ovide :

> « Nescio qua natale solum dulcedine cunctos
> « Ducit et immemores non sinit esse sui.

« Et j'ai résolu d'y établir ma demeure, afin de
« n'avoir pas toujours sujet de dire comme Socrate
« que je suis citoyen du monde et non pas citoyen
« d'Autun ; toute la terre en effet tenait lieu de
« patrie à ce philosophe.

Fixé dans son pays, il s'y livre à la profession
d'avocat et acquiert promptement une grande réputation. Mais le nombre des affaires n'était pas tel
qu'il pût offrir un suffisant aliment à son activité.
Chasseneux entreprend alors ce commentaire auquel
j'ai déjà fait allusion, et qui parut en 1517.

Voici en quels termes, d'une modestie trop rare
pour n'être pas cités, l'auteur s'exprime sur son
œuvre :

« En travaillant sur la coutume de Bourgogne j'ai
« eu le dessein premièrement de m'instruire moi-
« même, et en second lieu de tirer de l'erreur
« quelques praticiens grossiers, car je n'ai pas pré-
« tendu écrire pour les habiles gens. Du reste, si
« l'on trouve dans cet ouvrage quelque chose digne
« d'être, il en faut rendre grâce à Dieu seul, car
« la gloire n'en est due qu'à lui comme à l'unique
« auteur de toutes les bonnes qualités des hommes

« et à la source féconde de toute sorte de science. »

L'événement prouva que le commentaire n'était pas écrit seulement pour les *praticiens grossiers.* Cinq éditions en peu d'années attestent le succès d'une œuvre qu'aucune autre du même genre n'avait précédée. En effet, bien que la rédaction officielle des coutumes remontât à plus d'un demi-siècle, nulle part elles n'avaient encore été l'objet d'une étude de quelque importance.

Chasseneux n'oublie ni les recherches historiques ni les comparaisons du texte qu'il explique avec le droit des autres parties de la France. Sous chaque article, un parallèle du duché et du comté de Bourgogne met en relief les analogies et aussi les oppositions qui se rencontrent dans les coutumes de deux peuples voisins, ayant la même origine, longtemps placés sous la même domination, dont l'un cependant, fief de la France, subit les influences des idées nationales, tandis que l'autre, fief de l'Empire, emprunte encore plusieurs dispositions de loi au *Livre des fiefs* ou *au Miroir de Souabe.*

Mais c'est surtout par le droit romain que le jurisconsulte éclaire et complète la coutume. Dans son commentaire viennent pour la première fois se mêler et se fondre les deux éléments qui composent notre législation moderne, le droit germanique et le droit romain. Ce n'est pas qu'au moyen-âge on ne puisse signaler des essais d'une combinaison de ce genre,

mais ils n'avaient produit que de grossières ou ma-
ladroites ébauches. Tout ce dont sont capables, Fon-
taines, Boutillier, l'*auteur du Livre de justice et de
plaid*, l'auteur du *Coutumier de Charles VI*, c'est
de traduire littéralement les textes des Pandectes
ou du Code, et de les juxtaposer, souvent sans intelligence aux textes des coutumes.

Ces hommes d'ailleurs sortent à peine du servage ;
à leurs yeux les usages de la France nouvelle sont
trop intimement liés aux abus de la féodalité ; les
Pandectes ont toujours raison. « Ez pays Coutumiers,
« disent-ils, les coutumes qui sont contraires au *droit*
« *écrit* gâtent et détruisent le droit et sont appelées
« haineux droit. » (1)

« Droit haineux est le droit qui par le moyen de
« la coutume du pays est contraire au *droit écrit* (2).

Aussi, à la fin du moyen-âge, la jurisprudence et la
doctrine sont-elles encore pleines d'incertitudes et
d'incohérences. C'est à l'école du XVI° siècle qu'il est
réservé de réunir les matériaux accumulés, de les
mettre en œuvre et de préparer ainsi l'édifice de la
législation française.

Dans cette école il y a des noms auprès desquels
pâlit le nom de Chasseneux, mais ce qu'il ne faut
jamais oublier, quand on relève les lacunes ou les

(1) Coutumier de Charles VI.
(2) Boutillier. V. M. Gide, *Etude sur la condition privée de la
femme*, pages 144 et 145.

imperfections de son commentaire, c'est qu'il a ouvert la voie. Après lui viendront d'Argentré, Charondas, Guy-Coquille, Choppin, et le plus grand de tous, *le plus puissant théoricien du droit Coutumier* (1), Dumoulin.

On a reproché à Chasseneux de ne pas incliner assez dans le sens de la coutume, d'adopter avec trop de complaisance les décisions du droit ancien. Mais parmi les juriconsultes de votre pays qui donc échapperait à un blâme de ce genre ? C'est de bonne heure, Messieurs, qu'un penchant naturel vers les mœurs et les lois romaines s'est manifesté chez vos ancêtres. Cicéron les appelle : *Fratres consangui-neique nostri.* Nulle part en Gaule la civilisation ne fit des progrès plus rapides que chez les habitants du territoire qui est devenu la Bourgogne, et dans sa ville d'Autun tout rappelait à Chasseneux le souvenir d'une des plus célèbres écoles où soit venue s'instruire la noblesse gallo-romaine.

Dans votre pays le droit romain avait jeté de si profondes racines, qu'au VIe siècle, les Burgondes s'établissant sur les rives du Doubs, de la Saône et du Rhône ne crurent pas pouvoir imposer leur code aux vaincus. Tandis que la loi Gombette régissait les Germains, les populations indigènes et les clercs conservèrent leur loi personnelle. Celle-ci peu à peu

____

(1) M. Mignet. *Notice historique sur M. de Savigny.*

étendit son influence, et après la fusion des races et le mélange des coutumes, tout atteste que les mœurs romaines gardèrent la prédominance.

Aussi, lorsque Philippe-le-Bon promulgua les *Coutumes générales* du duché de Bourgogne, ordonna-t-il d'une manière expresse que pour tout ce qui n'était pas réglé par elles, les juges eussent recours au droit romain : « Et se aucuns cas avenaient,
« disent les lettres patentes du 26 août 1459, qui ne
« fussent comprises es-dites coutumes par nous
« approuvées ou que par elles ne se pussent décider,
« nous voulons et ordonnons qu'on y procède et qu'on
« y fasse selon les dispositions de *droit écrit*, et
« qu'icelles coutumes soient déclarées et interprétées
« selon *droit écrit* et non autrement. »

Pour cette législation, d'ailleurs incomparable, qui avait conservé une semblable autorité, on s'explique, sans parler des entraînements de l'érudit, la prédilection jalouse de Chasseneux, on comprend qu'il n'ait pas toujours rendu pleine justice au bon sens et à l'esprit pratique de notre vieux droit français.

Le Commentaire sur la Coutume, qui a été maintes fois réimprimé jusqu'à la fin du XVIIe siècle, que Dumoulin n'a pas dédaigné de revoir et d'annoter, n'est plus lu de nos jours. Serait-ce que, comme au temps du président Bouhier, le goût des études juridiques aurait faibli? *Que sur ce point il se serait glissé dans presque tous les esprits une certaine nonchа-*

lance? (1). Je n'en crois rien, mais le style de Chasseneux, il faut le reconnaître, est bien fait pour décourager les plus intrépides.

Que le commentaire soit écrit en latin, ce n'est pas ce qui doit nous étonner. Le triomphe de la Renaissance avait inspiré aux savants le mépris de l'idiome vulgaire, et ce travers dura longtemps. Même dans la seconde génération du XVIᵉ siècle, les meilleurs, les plus vaillants esprits auront seuls assez de bon sens et de hardiesse pour l'éviter. En général, les érudits pensent comme ce professeur de l'Université de Paris, Turnèbe, qui, au dire de Montaigne (2), *sçavait toutes choses; ils sont d'advis que notre langage est trop bas pour recevoir de nobles inventions, ains seulement destiné pour le commerce de nos affaires domestiques, mais que si nous couvons rien de beau dedans nos poitrines, il le faut exprimer en latin* (3).

Après Calvin, Rabelais, Amyot, Montaigne, c'est encore en latin qu'écrira l'illustre de Thou, infirmant ainsi, bien loin de l'augmenter, le succès de sa grande histoire.

Le dédain de Chasseneux pour le français n'a donc rien d'extraordinaire, mais ce qui surprend c'est que sa latinité rappelle si peu celle des écrivains dont il était nourri; qu'elle soit, pour tout dire,

(1) Bouhier, *Observ. sur la Coutume*, ch. II.
(2) Essais, liv. II, ch. XII.
(3) Pasquier, *Lettre à M. de Turnèbe.*

aussi barbare. Le mot n'est pas de moi, Messieurs, je le trouve dans le chapitre consacré par Pasquier *au troisième âge de ceux qui ont mis leur plume sur l'explication du droit romain;* il mentionne plusieurs jurisconsultes célèbres « avec lesquels, dit-il, j'ad-
« jousteray le docte Guillelmus Benedicti, conseiller
« au Parlement de Tholose, mais comme une plume
« métive, car, combien qu'il ait enrichy ses œuvres
« de plusieurs belles anciennetez, si est-ce que le
« malheur voulut que ce fût d'un style mousse et
« grossier; et le semblable vous diray-je de Chassa-
« née, président au Parlement de Dijeon, personnage
« de grande et singulière doctrine au fait du droict,
« comme témoignent ses œuvres, mais qui ne se
« put bonnement garantir de la barbarie ancienne,
« encore qu'il fut du temps du roy François Ier » (1).

Chasseneux ne se bornait pas à plaider devant le baillage d'Autun; il était devenu l'oracle de la province, et tous ceux qui avaient un procès important au Parlement de Bourgogne faisaient appel à lui. Après la publication du *Commentaire sur la Coutume,* il se décida à donner un *Recueil de ses principales Consultations.* Cet ouvrage a eu longtemps une grande réputation; en 1638, on le réimprimait à Lyon sous ce titre : *Præstantissimi jurisconsulti Bartholomai a Chassanœo Consilia.* Je n'ai plus à parler de la science de l'avocat. Dirai-je maintenant que

---

(1) Recherches sur la France.

dans ses *Consilia* il ne s'affranchit pas assez de la méthode scolastique ; qu'il abuse des divisions et des subdivisions ; qu'il a trop souvent des ressouvenirs de la Bible et d'Aristote, que sa marche est embarrassée et comme empêchée d'érudition ? Ce sont les défauts du temps ; le goût n'est pas encore venu en France, et malheureusement, quand il viendra, bien des qualités propres à le soutenir et à le fortifier, seront déjà affaiblies.

Cependant, une occasion s'était offerte à Chasseneux d'entrer dans les emplois de la magistrature. En 1521, François Iᵉʳ passant à Autun, il avait l'honneur de le haranguer, et le roi lui proposait une place au Grand-Conseil. Ce tribunal, réorganisé par Louis XII (1), était alors, suivant le vœu des Etats-Généraux de Tours, composé, sous la présidence du Chancelier, *d'un certain nombre de notables personnes des divers estats et contrées du royaume, bien renommez et expers en administration de justice et raisonnablement stipendiéz* (2).

Mais il n'était pas encore sédentaire ; il accompagnait le roi, et Chasseneux refusa, trouvant, nous dit-il, la vie ambulante qu'il aurait fallu mener peu compatible avec des goûts studieux (3).

(1) Lettres du 13 juillet 1498.
(2) Lambert, *Anciennes lois françaises*, t. XI, p. 51.
(3) Catalog. glor. mund. part. 2 cons. 5.
Les registres des arrêts du grand conseil attestent, dans les premiers temps surtout, ses fréquents voyages à la suite du roi. Il avait alors un

Plus tard, ce fut le Parlement de Dijon qui songea à se l'attacher. En janvier 1524, cette compagnie le présenta à l'agrément du roi pour un siège de conseiller. Un autre candidat l'emporta. Les années s'écoulèrent, et Chasseneux pouvait se croire oublié, lorsqu'au moment où il s'y attendait le moins, arriva sa nomination de Conseiller au Parlement de Paris. C'était au mois d'août 1531 ; dès l'année suivante, François Ier lui confiait la charge de premier président au Parlement de Provence.

Nous allons le suivre dans ce pays ; mais il me faut auparavant mentionner un troisième ouvrage qui avait paru à Lyon en 1529. Il porte ce titre bizarre : *Catalogus gloriæ mundi*. Quel sujet n'entrerait dans un pareil catalogue? Et, en effet, tout s'y trouve : théologie, droit, histoire, philosophie, géographie, anatomie, histoire naturelle.

Vous rappelez-vous, Messieurs, le programme que le héros de Rabelais trace à son fils ?

« J'entends et veulx que tu apprennes les langues
« parfaitement, premièrement la grecque, seconde-
« ment la latine et puis l'hébraïque pour les Saintes-
« Lettres, et la chaldaïque et arabique pareillement.
« Qu'il n'y ait histoire que tu ne tiennes en mémoire
« présente... Des arts libéraux, géométrie, arithmé-

---

maréchal des logis chargé d'assurer le logement de tous ses membres daus les villes où il se rendait. (V. le vray styl du grand conseil, par Ducrot, p. 32.

« tique, musique, je t'en donnay quelque goust
« quand tu estais encores petit, en l'aage de cinq à
« six ans. Poursuis le reste et d'astronomie saches
« en tous les canons... Du Droit civil je veux que tu
« saches par cœur les beaux textes et me les confères
« avec philosophie. Et quant à la cognoissance des
« faits de nature, je veulx que tu t'y adonnes curieu-
« sement ; qu'il n'y ait mer, rivière ni fontaine dont
« tu ne cognoisses les poissons. Tous les oiseaux de
« l'air, tous les arbres, arbustes et fructices des forêts,
« toutes les herbes de la terre, tous les métaulx
« cachés au ventre des abymes, les pierreries de tout
« orient et midy, rien ne te soit incogneu » (1).

Il semble qu'au XVIe siècle plusieurs aient voulu
suivre ce programme, oubliant qu'il était à l'usage
d'un garçon qui, à peine né, *humait, à chacun de ses
repas, le lait de quatre mille six cents vaches*, et
pour la première chemise duquel *on avait levé neuf
cents aunes de toile de Chatellerault*. La fièvre de
savoir s'est emparée des intelligences, elles sont insa-
tiables. C'est Pic de la Mirandole, qu'il suffit de nom-
mer, c'est Peyresc, qui a des correspondants dans
toutes les parties de l'Europe, et dont la bibliothèque
de Carpentras conserve cent dix-sept volumes in-
folio, débris des œuvres complètes.

Il y avait là un excès, et Peyresc était dans le vrai

(1) Liv. II, ch. viii.

quand il appelait son universelle curiosité, *ma maladie* (1).

Chasseneux, lui aussi, quoique dans une mesure infiniment moindre, a voulu toucher à tous les sujets. Je n'insisterai pas davantage sur cet essai d'encyclopédie. Le *Catalogue de la gloire du monde* n'est pas autre chose qu'une compilation sans ordre, sans méthode, sans critique, aujourd'hui et justement profondément oubliée.

C'est au mois de novembre 1532 que Chasseneux arrivait en Provence. Ici commence pour lui une carrière nouvelle, traversée de difficiles épreuves, et où il acquerra une illustration définitive.

Seules jusqu'à présent de paisibles études ont occupé sa vie. Il devient dépositaire d'une grande autorité, il va connaître les laborieux soucis de la chose publique ; et en quel temps, Messieurs ! Dans l'histoire de Provence je n'en sais pas de plus orageux et de plus sombre. C'est la guerre d'abord, puis l'invasion, puis la lutte entre les catholiques et les partisans de la réforme, lutte qui, à la suite d'un procès tristement célèbre, doit aboutir au massacre des Vaudois.

A de telles conjonctures la doctrine et la sagesse

____

(1) Lettre à Passart. (V. sur Peyresc le discours prouoncé par M. Boissard, à la rentrée de la Cour d'Aix, 1867).

ne suffisent point ; il y faut une âme fortement trempée. Les nouveaux devoirs qui sont imposés à Chasseneux le trouveront prêt. A côté du jurisconsulte qui, dans les conseils du roi, prendra une part prépondérante aux édits rendus pour la réformation de la justice, se révélera le magistrat. Dans la ville d'Aix cernée par les armées impériales, il saura maintenir l'ordre, grâce à l'unique ascendant d'un caractère énergique. Plus tard, dans le procès de Mérindol, nous le verrons jouer le plus difficile et le plus courageux de tous les rôles, celui de modérateur et de médiateur.

Catholique convaincu et même fervent, il regrettera cette unité de foi qui vient d'être rompue, mais il comprendra que la persécution est un mauvais moyen de la rétablir. Dans un siècle où chacun revendique à son profit le droit de bannir et d'extirper l'erreur par la violence, où de sanglantes agressions provoquent de sanglantes représailles, il aura le respect de la vie et de la liberté humaines ; il se fera le défenseur de la tolérance religieuse, et méritera d'être appelé le précurseur de l'Hôpital. C'est là son grand titre d'honneur, et ce qui lui a gardé une place dans l'Histoire de France.

Le Parlement dont Chasseneux devenait président datait de 1501. Sa création avait été une première satisfaction donnée aux vœux incessamment renouvelés des Etats. Mais il s'en fallait de beaucoup qu'elle eût mis un terme à tous les abus. Que n'a-t-on pas dit, Messieurs, sur ceux qui naissaient autrefois de la multiplicité excessive des juridictions et des interminables évolutions de procédure ?

Nulle part peut-être une réforme n'était plus urgente qu'en Provence. On n'y comptait pas moins de cinq degrés de juridiction. En premier ressort c'était le juge du lieu (*judex loci*) qui statuait ; sa sentence était portée devant le juge des premières appellations que l'on nommait *juge d'appaux;* à un degré supérieur se trouvait le juge *mage* (*judex major*), puis le Parlement. Etait-ce tout? Non, car une autorité planait encore au-dessus des autres, celle du Grand-Sénéchal, lequel, investi à l'origine d'un pouvoir sans limite, n'avait pas voulu reconnaître la suprématie du Parlement et s'arrogeait le droit d'en réviser les arrêts.

Un pareil état de choses fait songer à ce pauvre paysan dont nous parle Loyseau, qui abandonne ses brebis et ses vaches à un injuste détenteur, en désespoir d'arriver à l'arrêt définitif « et, s'il se résout à « plaider jusqu'au bout, y a-t-il brebis ou vache qui « puisse tant vivre ? même que le maître mourra « avant que son procès soit jugé en dernier ressort. »

La sollicitude du nouveau premier président se porta tout d'abord de ce côté. Maintes fois, mais inutilement, son prédécesseur, Thomas Cuiscinier, avait plaidé auprès du roi la cause des provençaux.

Grâce au crédit dont il jouissait, Chasseneux parvint à se faire écouter. Chargé par François Ier de préparer un projet de réforme, il est, avec le Chancelier Dubourg, le véritable auteur des deux édits rendus en septembre et octobre 1535, l'un à Joinville, le second à Is-sur-Tille, qui réorganisèrent l'administration de la justice (1).

L'édit de Joinville supprime les offices de juge-mage et de juge d'appaux. Désormais il n'y aura plus que trois degrés de juridiction ; les appels des tribunaux inférieurs ressortiront au Grand-Sénéchal siégeant à Aix, ou à ses quatre lieutenants siégeant à Digne, Draguignan, Arles et Forcalquier ; les appels du Sénéchal ou de ses lieutenants ressortissant à leur tour au Parlement, *en laquelle Cour toutes les causes du dit pays prendront fin en dernier ressort, sans que les jugements ou arrêts de notre dite Cour soient sujets à révision par devant le Gouverneur ou Grand-Sénéchal de Provence.*

Ainsi sont fixés le nombre et le rang des tribunaux. Un mois après, l'ordonnance d'Is-sur-Tille déterminera le mode de leur composition et dira de quelle façon la justice y devra être administrée. Cette or-

---

(1) On lit au bas de l'édit d'Is-sur-Tille : Par le roy, comte de Provence et son conseil, messeigneurs les cardinaux de Lorraine et de Tournon, monseigneur le chancelier, le seigneur de Brion, comte de Bueançais, admiral de France, maistre Barthélemy de Chasseneux, président de Provence et autres présents.

Isambert, *Anciennes lois françaises*, t. XII, p. 491.

donnance, qui forme à elle seule un volume, a été définie : un Code de morale judiciaire généralement très sage, mais minutieux (1). Il se peut que le reproche soit fondé, qu'en voulant tracer des règles de conduite aux magistrats, aux avocats, aux greffiers, on soit entré dans des détails inutiles, mais ce qu'il faut reconnaître aussi c'est que, avant tout, le législateur va droit aux questions capitales. Où était le péril du moment, sinon dans l'application du système de la vénalité aux charges de magistrature ? Déjà le Chancelier Duprat, les assimilant aux offices de finance, en avait fait trafic, et si, devant les protestations des Parlements, il s'était arrêté, tout laissait présager le retour d'un pareil abus. Pour essayer de le prévenir, une disposition de l'ordonnance fut ainsi conçue :

« Avons ordonné et ordonnons qu'avant que les
« pourveuz aux offices de Conseiller en nostre dite
« Cour ou d'autres offices de judicature soient
« reçeuz, ils seront tenus de prester serment qu'ils
« n'ont baillé ny fait bailler par eux-mêmes ni par
« autres, directement ou indirectement, à personnes
« quelconques or ny argent ny autre chose équiva-
« lent pour avoir les dits offices. »

Cette prescription, il faut bien le dire, ne fut pas longtemps obéie ; *comme en France*, ce sont les ter-

(1) M. Henri Martin, *Histoire de France*.

mes de Loyseau (1), *une ouverture pour tirer de l'argent étant une fois commencée, s'accroit toujours de temps en temps, parmi l'extrême dévotion et obéissance de ce peuple et sous le spécieux et ordinaire prétexte de la nécessité publique,* le Chancelier Dubourg ne tarda pas à revenir aux errements qu'il avait condamnés, et la vénalité des offices se perpétua ; mais les inconvénients en furent singulièrement atténués par un droit que l'ordonnance reconnaissait au Parlement et dont il se montra fort jaloux, le droit de refuser les Conseillers nommés s'ils sont incapables.

« Voulons et ordonnons, disait le chapitre Ier,
« quand aucun sera pourveu à l'office de Conseiller
« en nostre dite Coûr, qu'en ce cas celuy qui sera
« ainsi par nous pourveu en icelle, soit examiné par
« nostre dite Cour deuement assemblée et icelle séant,
« et... s'il n'est trouvé suffisant, idoine ne capable,
« en ce cas ne sera par elle receu, mais nous en
« advertira nostre dite Cour, pour y pourvoir d'autre
« personnage habile et idoine, ainsi que nous, pour
« le devoir de justice sommes tenus de faire. »

Ce droit, particulier d'abord à la Provence et que l'ordonnance de Moulins érigea en loi générale, devint la véritable sauvegarde de la magistrature. Il ne faudrait pas croire en effet que l'examen du récipien-

(1) Des Offices, l. III, ch. I, n° 91.

daire fût une vaine formalité, un simulacre d'examen. Vous en pouvez juger, Messieurs, par ce qui se passait au Parlement de Bourgogne. J'ouvre le journal de Breunot (1).

« Le 6 février 1576, les chambres furent assem-
« blées pour l'ordre que l'on devait tenir à la récep-
« tion des Conseillers aux requêtes... le 7, M. Bou-
« hier fut appelé et ouï et parce qu'il ne contenta la
« Cour ny en droit ni en pratique, fut renvoyé pour
« un an. Le 8, Monlbard fut ouï l'après-disnée et
« fut reçu ; toutefois il fut retenu sur le registre qu'il
« serait admoneste d'estudier et feuilleter les livres
« de droit. Le 9 matin, M. Quarré fut ouï et fit
« fort bien en droit, mais parce qu'il ne contenta pas
« la Cour en pratique, fut admonesté de voir les or-
« donnances. L'après-disnée de relevée de même
« jour, fut ouï et receu M. Bretagne, ayant fort bien
« contenté la Cour tant en droit que pratique, et fut
« loué et exhorté de continuer. Le 10, fut oui M.
« Jean de Vaulx qui fit mieux que M. Pierre Bouhier ;
« toutefois il fut renvoyé pour un an. »

Le choix des juges était donc subordonné à de sérieuses garanties. Ces garanties, les historiens en font généralement honneur au Chancelier de l'Hôpital. Il n'est que juste de reconnaître que l'ordon-

(1) Journal de ce qui s'est fait de plus remarquable au parlement de Dijon, par Gabriel Breunot, publié par M. Garnier.

nance de Moulins les avait empruntées à l'ordonnance d'Is-sur-Tille.

Après l'accomplissement de sa mission, Chasseneux quittait le Conseil du Roi et reprenait son siège dans le Parlement. Il était à Aix depuis six mois à peine, lorsque l'invasion étrangère vint s'abattre sur la Provence.

En février 1536, François Ier qui, en dépit de la renonciation faite dans le traité de Cambrai, convoitait toujours le duché de Milan, avait envoyé une armée en Italie et occupé le Piémont. Ce fut le signal d'une nouvelle rupture entre l'Empire et la France. Charles-Quint accourut au secours du Duc de Savoie, son allié, refoula nos troupes, et le 25 juillet 1536, franchit le Var à la tête de 50,000 hommes.

Anne de Montmorency, qui commandait dans le Midi, avait d'abord songé à défendre la ville d'Aix ; mais après examen des hauteurs qui l'entourent, il la jugea *non tenable*. On résolut de l'abandonner à l'ennemi, de se retrancher derrière Avignon et d'affamer le pays situé entre le Rhône, la Durance et les Alpes. En conséquence, injonction fut faite aux habitants d'emporter leurs vivres et provisions dans le délai de six jours, passé lequel, ce qui resterait devait être brûlé.

Il est facile de comprendre l'émotion qu'un ordre pareil jeta dans la ville, émotion d'autant plus grande que de tous les environs les populations s'étaient refugiées à Aix. Personne ne s'imaginait en effet que la Capitale de la Provence, siège du Parlement, pût être évacuée par les gens du roi. « Là, nous dit César « de Nostre-Dame (1), se voyait un spectale triste et « piteux, avec des confus hurlements de plaintes et « cris lamentables, hideusement ouys pour le cas « d'un tant estrange changement, d'un si soudain « abandonnement de pays, deslogement, désolation « et ruine entière d'une tant illustre, grande et riche « cité ! »

Aux plaintes succédèrent bientôt les insultes et les menaces contre les officiers de Montmorency qui avaient apporté l'ordre de *déloger*. On craignit un moment les plus graves conflits ; ils furent évités, disent les historiens du temps, grâce à l'intervention du Premier Président, à la fermeté qu'il déploya, à l'ascendant qu'en moins de quatre ans de séjour en Provence, il avait su conquérir. Le peuple se soumit au cruel sacrifice qu'exigeait le patriotisme, et, suivant l'expression de Guillaume du Bellay, la ville *fut vidée de tous biens.*

Lorsqu'on apprit que l'armée impériale n'était plus qu'à deux journées de marche, le Parlement se retira au Pont St-Esprit. Ce départ irrita vivement Charles-Quint ; à son entrée dans Aix, « il demanda, dit « Honoré Bouche (2), où estaient tous les officiers de

(1) Histoire et Chronique de Provence.
(2) Histoire de Provence.

« justice, desquels il voulait prendre conseil, où es-
« taient les Messieurs du Parlement, les nommant
« tous en particulier, sçavoir : Barthelémy Chassancé,
« Président, d'Albis, Sénaz, d'Oppède, etc., etc., et
« ne les trouvant point, ou en punition de leur
« faute, ou en dérision de leur charge, il fit mettre
« le feu à leurs sièges et tribunaux, brûler partout
« le palais.... puis il les fit appeler en jugement et
« condamner par défaut, pour avoir quelque pré-
« texte de donner tous leurs biens au pillage de ses
« soldats, qui furent si diligents qu'ils ne laissèrent
« porte à enfoncer, maison à y entrer, coffre à briser
« et meuble à emporter. »

L'exil des magistrats fut de courte durée. Après
avoir promené pendant deux mois en Provence des
troupes que les fatigues, le défaut de vivres et les
embuscades de la population décimaient obscurément,
Charles-Quint n'osa pas marcher sur Avignon. Il se
décida à la retraite, et, le 25 septembre, les débris de
son armée repassaient la frontière.

La tactique toute *fabienne* de Montmorency avait
eu les résultats qu'il en attendait. En revanche, le
succès coûtait cher à un pays systématiquement
dévasté par les Français avant d'être foulé par les Im-
périaux. La Provence ne s'en releva pas de longtemps. Heureuse encore si elle n'avait eu qu'à pan-
ser ses plaies, et si la guerre civile n'était venue
s'ajouter à la guerre étrangère ! Mais la lutte n'exis-

tait pas seulement entre les rois. La religion était
arrivée à une crise plus grave encore que la politique.
Sous l'influence du mouvement provoqué par la Réforme, les dissidences religieuses, dont la Provence
récélait le germe, firent explosion, et bientôt com-
mença ce procès, prélude des combats à main armée,
qui se termina d'une façon tragique, le procès
des Vaudois. Il me reste, Messieurs, à vous dire
ce que fut la conduite du Président Chasseneux
dans cette période orageuse de l'histoire du Parlement.

Au milieu de la population catholique de Provence,
sur la rive droite de la Durance, dans le territoire
limité par cette rivière et par la montagne du Luberon, se trouvaient des chrétiens dissidents que l'on
appelait *Vaudois*.

Dès la fin du XIII siècle, ils étaient venus du
Piémont pour prendre à emphithéose les terres que
les seigneurs de Cental et de la Roque-Epervière
possédaient dans le midi de la France. Quelle était
leur foi ? Avaient-ils hérité des doctrines en même
temps que du nom des anciens disciples de Pierre
Valdo ? C'est ce qu'il est bien difficile de préciser.
Gardant le souvenir des croisades entreprises contre
les Vaudois des Hautes-Alpes, ils dissimulaient pru-
demment leurs opinions, se montraient dans les
églises, et n'éloignaient pas d'une manière absolue
les prêtres catholiques, quoiqu'ils n'eussent confiance

que dans leurs ministres auxquels on donnait le nom
de *Barbes*.

« De quelle secte estaient ces gens icy, se demande
« Bouche (1) ; il est plus que vraysemblable qu'ils
« estaient des reliques de la secte qui, vers l'an 1200,
« avait beaucoup régné et dans Avignon et dans tout le
« Comtat Venaissin..... mais ils estaient si ignorants
« qu'ils n'ont jamais sceu quelle estait leur vraye et
« universelle croyance qu'après que les Calvinistes
« ont paru. »

Le bruit de la Réforme retentit dans leurs vallées
et les émut vivement ; ils envoyèrent des députés à
Guillaume Farel qui eut avec eux plusieurs confé-
rences ; l'accord se fit enfin et, en 1532, les Vaudois
provençaux souscrivirent au nouveau dogme.

Leur attitude dès ce moment changea d'une manière complète. Ralliés à un parti jeune et ardent,
ils prétendirent pratiquer ouvertement le culte qu'ils
avaient embrassé. Leur aversion secrète devint une
hostilité déclarée. Les juges ecclésiastiques pronon-
cèrent d'abord des censures ; puis ils invoquèrent le
secours du pouvoir civil. Celui-ci ne voyait pas sans
inquiétude ce qui se passait en Provence ; et en effet
la question qui s'y agitait n'était pas seulement religieuse ; elle intéressait au plus haut degré l'ordre
politique. Si l'unité de foi était rompue, l'unité natio-

_____

(1) Histoire de Provence, l. X, § 2.

nale ne serait-elle pas menacée ? « Les rois de France,
« a dit un grand historien, étaient parvenus, au com-
« mencement du XVIᵉ siècle, à détruire le caractère
« féodal de la noblesse, la tendance romaine du cler-
« gé, les constitutions républicaines des villes. Ils ne
« voulaient pas laisser pénétrer dans leurs états des
« idées d'indépendance et des causes de constestation
« qui pourraient ramener la noblesse à la féodalité,
« le clergé à l'ultramontanisme, les villes à la démo-
« cratie (1). »

Et d'ailleurs, au milieu des guerres soutenues par
François Iᵉʳ, ces Vaudois placés non loin de la frontière n'étaient-ils pas un péril ? Ne pouvaient-ils
ouvrir passage à des corréligionnaires étrangers ?
Je touche ces points, Messieurs, parce qu'ils expli-
quent, je ne dis pas justifient (le paradoxe serait
odieux) la conduite du Parlement d'Aix.

En 1537, cette compagnie avait rendu un arrêt
portant défense aux hérétiques de tenir assemblée.
Injonction était faite en outre aux seigneurs des terres
occupées par les Vaudois d'obliger leurs vassaux à
abjurer ou à quitter le pays. L'exaltation n'en devint
que plus grande chez ceux qui étaient ainsi persécu-
tés. Ils se réunirent en armes, occupèrent les gorges
du Luberon, et le seigneur de Cabrières ayant voulu
exécuter l'arrêt, ils le chassèrent de son château et

_____

1) M. Mignet, *Mémoire sur l'établissement de la Réforme à Genève.*

s'y retranchèrent. A cette nouvelle, François Ier envoya, le 2 mars 1538, l'ordre de poursuivre et, ce sont les termes mêmes des lettres-patentes, de *pousser à bout les rebelles.*

C'est alors que dix-neuf habitants de Mérindol furent ajournés à comparaître devant le Parlement pour y répondre, dit l'exploit, sur les charges et informations faites contre eux. (Mérindol était le chef-lieu de la ligue; là se tenaient les réunions, là demeuraient les principaux ministres; on l'appelait la ville sainte, la ville de Dieu).

S'il faut en croire l'auteur anonyme de l'*Histoire mémorable de la persécution et saccagement du peuple de Mérindol* (1), les Vaudois assignés se rendirent à Aix et demandèrent conseil à un avocat qui leur dit, à part et en grand secret, qu'*ils ne se devaient présenter à la Cour du Parlement, sinon qu'ils fussent prêts et appareillés à endurer d'être brûlés à petit feu, voire même feu de paille, sans autre forme ni figure de procès, que cela était déjà par ladite Cour conclu et arrêté contre eux.*

Sur cet avis, ajoute l'auteur, les gens de Mérindol rentrèrent chez eux.

Au sein de la Cour, deux partis étaient en présence; l'un, dirigé par le président d'Oppède, voulait un châtiment impitoyable; l'autre repoussait toute me-

_____
(1) 1556. — Sans lieu.

sure de rigueur ; il avait pour chef le premier président. La lutte fut longue ; mais les efforts de Chasseneux ne purent faire triompher son opinion, et le
18 novembre 1540, le Parlement rendait l'arrêt dont
voici les principales dispositions.

Il condamne par contumace dix-neuf personnes à
être brûlées comme hérétiques, puis il ajoute : « Et
« pour le regard des femmes, enfants, serviteurs et
« familles des défaillants et condamnés, la Cour les
« a défiés et abandonnés à tous pour les prendre et
« représenter à la justice, afin de procéder contre eux
« à l'exécution des peines et rigueurs de droit, et en
« cas qu'ils ne puissent être pris ni appréhendés, la
« Cour dès maintenant les bannit du royaume et des
« terres et seigneuries du roi, sous peine de la hart
« et du feu, et déclare tous et chacun les biens des-
« dits condamnés et bannis estre acquis et confisqués
« au roi... Défend à tous les sujets de sa Majesté de
« leur donner aucun aide, faveur ou confort, en ma-
« nière que ce soit... Au surplus, attendu que notoi-
« rement le lieu de Mérindol estait la retraite, spe-
« lonque, refuge et fort des gens tenant telles sectes
« damnées, ordonne la Cour, que toutes les maisons
« et bastides du même lieu seront abattues, démolies
« et rasées, le lieu rendu inhabitable, sans que per-
« sonne y puisse réédifier ni bâtir... Semblablement
« que les châteaux spelonques et forts estant ès-ro-
« ches et bois du même lieu de Mérindol, seront

« ruinés et mis en telle sorte qu'ils ne s'y puissent
« plus réfugier ; que les lieux seront découverts et
« patents, et que les bois où sont lesdits forts seront
« coupés et abattus deux cents pas à l'entour. Et
« d'avantage fait inhibition et défense de donner à
« ferme, à rente ni autrement les héritages du même
« lieu à aucun du surnom et lignée desdits con-
« damnés. »

Cet arrêt implacable allait-il recevoir son exécution ? Le roi seul pouvait intervenir. Chasseneux
écrivit à François Ier, qui répondit en chargeant Guillaume du Bellay d'examiner les faits. Du Bellay par-
tagea les vues du premier Président, et, sur son rapport, de nouvelles lettres patentes, du 8 février 1541,
déclarèrent que les Vaudois et *autres dévoyés de la
foy catholique qui estaient au pays de Provence* se-
raient pardonnés, si dans trois mois ils abjuraient
leurs erreurs.

Ce délai expira, les mois se succédèrent et l'ab-
juration ne vint pas. De toutes parts on insistait
auprès du comte de Tendes, gouverneur de Provence, pour qu'il marchât contre les Vaudois. Le
vice-légat d'Avignon levait des troupes qui devaient
appuyer celles du gouverneur. Chasseneux ne se
décourage point ; il fait un nouvel appel à François Ier et, pour gagner du temps, obtient du Parlement un arrêt, de mars 1542, par lequel la Cour
ordonne, *avant que de procéder à l'adjudication des*

défauts contre ceux de Mérindol, pour n'estre venus abjurer leur hérésie selon la grâce du Roy, que le curé du lieu de Mérindol ferait son rapport s'il avait publié lesdites lettres patentes du Roy en son église et prône.

Aux démarches du Premier Président venaient se joindre celles de l'illustre évêque de Carpentras, le cardinal Sadolet, celui-là même qui écrivait à Mélanchton : *Non ego enim sum qui, ut quisque a nobis opinione dissentit, statim eum odio habeam.* Il intercédait auprès du vice-légat, et répondait à la Cour de Rome, qui lui envoyait pleins pouvoirs de sévir contre les hérétiques : « J'userai de ces « pouvoirs, s'il est nécessaire, mais je tâcherai qu'il « ne le soit pas. Les armes dont je me sers paraissent « plus faibles et moins redoutables ; en réalité, pour « ramener les âmes perverties, elles sont tout autre- « ment puissantes. Ce n'est pas en effet par la ter- « reur et les supplices, mais par la vérité même, et « avant tout par la mansuétude chrétienne, que je tire « de leur cœur plus encore que de leurs lèvres la con- « fession de leurs erreurs. »

Pour la seconde fois les Vaudois étaient sauvés.

Malheureusement leur protecteur arrivait au terme de sa carrière ; le 15 avril 1542, Chasseneux mourait. Supérieur aux passions de son temps, il eut pour successeur un homme qui se laissa dominer par elles, et le nom du baron d'Oppède est resté lié au souvenir des sanglantes journées d'avril 1545. Le massacre des Vaudois donna le signal des luttes inexorables qui amenèrent en France de si grands déchirements.

Grâce à Dieu, les idées dont s'inspirait Chasseneux ne devaient pas périr. Au milieu des plus formidables orages peu à peu elles se firent jour, et dans les rangs de cette magistrature qui avait rendu l'arrêt de Mérindol trouvèrent de courageux défenseurs.

Rappelerai-je, Messieurs, qu'en 1555 les remontrances du Parlement demandaient au roi Henri II un adoucissement des peines portées contre les protestants, un retour à la persuasion par la bonne doctrine, par le bon exemple, et non plus par le fer et le feu?

Qu'aux jours de la Saint-Barthélemy, votre compatriote le président Jeannin s'associait à la noble résistance du comte de Charny, pour préserver la Bourgogne du crime et du malheur commun?

Qu'enfin, c'est à la politique d'apaisement et de conciliation que le premier magistrat de France, le chancelier de l'Hôpital, consacrait sa vie? Ce grand homme ne verra pas le triomphe de ses efforts, mais ils n'auront pas été stériles. Avant la fin du siècle, lorsque Henri IV, en montant sur le trône, obtiendra pour ses anciens coréligionnaires le libre exercice de leur culte, la tolérance deviendra un principe de droit public.

J'aurais fini, Messieurs, si je ne devais en votre nom rendre hommage à la mémoire d'un ancien collègue qui vous restait unis par les liens de l'honorariat, et qu'à la veille même de cette réunion la mort est venue frapper. Il y a près d'un demi-siècle qu'en 1832 M. Trombert débutait dans la magistrature par les fonctions de substitut à Gaillac. Dès 1834, il rentrait, comme substitut à Belfort, dans cette Alsace où il était né et qu'il espérait ne plus quitter. Substitut à Colmar, chef de parquet à Altkirch, à Schlestadt, à Colmar, il était conseiller à la Cour de cette ville lorsqu'éclata la guerre de 1870. Nos revers imposaient à son patriotisme de douloureux sacrifices, mais il n'eut pas un instant d'hésitation, et pour lui aux amertumes de la défaite, à la pensée de la France amoindrie, se joignit l'exil du pays natal. Nommé conseiller à Besançon en 1872, il obtint bien tôt après un siège à Dijon, où l'appelaient ses relations de famille. Vous avez vite apprécié, Messieurs, l'intégrité de son caractère, la droiture de sa conscience, la bonté de son cœur, et c'est aux applaudissements de tous que M. Trombert, en prenant sa retraite, recevait la croix de la Légion d'honneur.

MESSIEURS LES AVOCATS,

Le jurisconsulte, le magistrat dont je viens de parler avait longtemps été des vôtres. Certes, je ne prétends pas qu'il faille lui demander des modèles de langage judiciaire, et lorsque rédigeant l'ordonnance d'Is-sur-Tille, il recommandait aux avocats d'éviter *la subtilité, la longueur des plaidoyers, les fuites, délai et prolixité des écritures*, on aurait pu, ses consultations à la main, lui prouver qu'il n'avait pas toujours suivi ces préceptes excellents. Mais il avait l'amour de la science, l'austérité de la vie, la noblesse de caractère. C'est par là qu'il mérite de compter au nombre des ancêtres dont vous avez, comme un précieux héritage, recueilli les traditions.

MESSIEURS LES AVOUÉS,

Chaque année, le magistrat du ministère public se plaît à reconnaître l'intelligence, le désintéressement et le zèle consciencieux avec lequel vous remplissez vos fonctions. Permettez-moi, malgré la banalité de l'éloge, de vous rendre à mon tour le même témoignage.

Nous requérons, pour M. le Procureur général, qu'il plaise à la Cour admettre les avocats présents à la barre à renouveler leur serment.

La Cour, faisant droit aux] réquisitions] de M. le Procureur général, a donné acte à ce magistrat de ce qu'il avait observé les prescriptions

de la loi de 1810, et a reçu le serment des Avocats présents à la séance.

Ensuite, M. le Premier Président a déclaré
repris les travaux ordinaires de la Cour, et il a
prévenu les Avocats et les Avoués qu'il y aurait
audience dans chacune des chambres à la suite
de la cérémonie, puis la séance a été levée.

Etaient présents : MM. Cantel, ✳, Premier
Président; Saverot, ✳, Klié, ✳, Julhiet, ✳, Pré-
sidents; Muteau, ✳, Conseiller; Guyot-Guille-
mot, ✳, Conseiller honoraire ; Chauvin, ✳,
Lagier, ✳, Chopin, Dorey, ✳, Blondel, Conda-
minas, Pinon, Jacotot, ✳, Garnier, Bonvalot, ✳,
Bernard, Maillard, Bardonnaut, Duruisseau,
Deshaires, Golliet, Conseillers ;

Fremiet, ✳, Procureur général ; Cardot,
Lebon, Avocats généraux; Legoux, Pons, Sub-
stituts;

Marion, greffier en chef; Desvigne, Poulain,
greffiers commis.

MM. les Conseillers Masson, Président des
assises de la Haute-Marne; Personne et Gouget,
indisposés, n'ont pu assister à la cérémonie.

DIJON. IMPRIMERIE DARANTIERE. RUE CHABOT-CHARNY